DES FONDEMENS DE L'ESTAT, ET DES MOYENS DE REGNER,

Traduit d'Italien en François.

CHAPITRE I.

A Machine & pesan- 1.
teur de l'Estat est prin-
cipalement appuyée sur
trois fondemens, à sça-
uoir le Conseil, les for-
ces, & la reputation.

Ces trois sont les parties essentielles 2.
qui forment le Prince: Et en ce lieu i'ap-
pelle Conseil ceste lumiere de raison, qui
met és mains du Prince les instrumens
propres & conuenables à regner, qui sont
vne certaine intelligence de cognoistre, &

voir à clair le naturel des subjects, la prudence de leur sçauoir donner des loix qui leur soient propres & conuenables, les reglemens d'establir la guerre, l'art de la conduire, l'industrie de conseruer la paix, la diligence de veiller & aller au-deuant des accidens, la forme d'estendre ses limites, le iugement de bien peser la puissance des Estats voisins, la dexterité de temporiser auec les inconueniens, la constance d'executer les conseils arrestez, la promptitude en l'execution, la grandeur de courage en aduersité, la moderation en la prosperité, vne cognoissance forte, & asseurée au faict de la Religion, afin que la superstition ne le rende craintif, ny le mespris ou licence effrenée ne le facent desbordé.

3\. *Les forces sont prises de l'vnion & bonne intelligence de ces six conditions, d'estre bien aymé, grand, ancien, vni, armé, & riche, qui font le Prince puiſſant, & ſon Eſtat renommé. I'appelle reputation ce bruit illuſtre eſpandu par les autres Eſtats, & ceſte efficacieuſe opinion que les Princes & potentats voiſins ont conceu du bon conſeil, & des forces ſuffiſantes du Prince.*

4. *Et pour autant que ces trois parolles, Conſeil, force, & reputation, pour l'amplitude de leur ſignification embraſſent diuerſes matieres, nous traicterons de chacunes d'icelles ſeparément, diuiſant tout ce ſubject en trois diſcours: le premier ſera du Conſeil, le ſecond des forces, & le troiſieſme de la reputation.*

Que le Conſeil propre eſt du tout neceſſaire au Prince.

Chap. II.

1. *LE Conſeil du Prince eſt de deux ſortes, l'interieur & l'exterieur: le*

premier est celuy qui est formé dans le Prince de son propre iugement & intelligence ; l'exterieur est celuy qui luy est donné par ceux qui ont esté appelez pres de luy pour le conseiller par leur prudence & capacité ; & s'appellent Conseillers d'Estat. L'homme Ciuil & de gouuernement est reputé tres-excellent, qui est capable de prendre bon Conseil par luy mesme. Mediocre sera celuy qui à cause de son insuffisance ne se peut conseiller, & s'en rapporte neantmoins au Conseil des sages. Le Prince est totalement exclus de ceste mediocrité, parce que s'il est ignorant, le plus propre instrument de sa ruine sera le Conseil qu'il aura pres de luy: D'autant que tel conseil sera ou ignorant comme luy (ce qui aduient communément, chacun cerchant son semblable, & en ce cas tant plustost sera perdu l'Estat, que le nombre des Con-

ſeillers ſera plus grand: parce qu'vne multitude auec plus grand effort en pouſſera la ruine.) Ou bien s'il aduient que leur capacité reſponde à leur qualité, & ſoiët ſuffiſans à ſouſtenir la charge de l'Eſtat, l'ignorance du Prince ne voudra, ou ne ſçaura ſ'en ſeruir à propos, n'eſtant capable de faire eſlection, ny prompt à executer les plus ſaines entrepriſes & deliberations. Et puis on voit communément que parmy les Conſeillers des grãds Princes s'engendrent des emulations, enuies, partialitez, & diſcordes, qui pour la diuerſité du but où ils pretendent, addreſſent le plus ſouuent leurs Conſeils publiques au point de leur intereſt particulier, taſchans auec diuers ſemblans, & artifices, à trauerſer les deſſeings, & diffamer la reputation les vns des autres, d'où aduient que le Prince mal aduisé n'ayant pour ſon inſuffiſance l'authorité parmy les siens qu'il seroit necessaire, ny l'esprit assez clair pour penetrer quelles sont les intentions de ses Conseillers, se remplit plustost de precipitation & de confusion que de bon Conseil; & puis tels conseils d'hommes entendus & sçauans, qui seruent le Prince de peu d'entendement, ne luy portent iamais tant d'amour, ny tel respect qu'il appartiendroit à de bons & fidelles Conseillers: A cause que le voyans & negotians ordinairement auec luy, ils cognoissent & tastent son ignorance & imperfection, qui faict que suiuant l'ordre de la nature il est plustost par eux mesprisé qu'honoré. De tel mespris procede la hayne, ne pouuant l'homme de merite supporter de seruir au Prince incapable du rang qu'il tient, & indigne de si grande fortune; Du mespris & de la hayne procede la desloyauté des Conseillers, qui par la force de tels

effects, dont leur esprit est agité, cher-
cheront de vendre le Prince, ou du moins le guetteront à toutes les occasions qui se presenteront pour le ruiner.

Il est donc necessaire que le Prince se travaille, s'il veut seul estre M^e, d'auoir la cognoissance certaine de tout ce qui concerne son Estat, qu'il mette la main à l'œuure, & que seul il conduise le bateau: non pas que ie vueille que le sage & suffisant Prince chasse d'autour de luy toute sorte de Conseil; mais ie dis que le plus seur fondement de sa reputation est de sçauoir ioindre à son iugement & prudence vn fidele & prudent conseil: & pour l'auoir tel, il y doibt appliquer tout son soing & diligence: & faut encores que tel conseil, pour suffisant qu'il puisse estre, soit tousiours surmonté de l'intelligence & capacité du Prince: de sorte qu'il soit cogneu qu'il est appelé à ceste 2.

charge du soustien de l'Estat plustost cõme chose accessoire que principale, & qu'il se recognoisse estre subject & non compagnon de l'Empire, qu'il ait faculté de nuire plustost aux deliberations & Conseils d'importance, qu'authorité de resoudre : finalement il faut que le Prince propose en son esprit que le Conseil qu'il a autour de luy doibt seruir d'ayde au gouuernement & maniment des affaires seulement, & non de precepteur pour l'apprendre à regner. Qui nous faict conclurre que tout ainsi que le Prince ne peut viure sans ame, aussi ne peut-il bien regner sans son conseil propre, & interieur.

L'origine du Conseil propre du Prince. CHAP. III.

1. LE *Conseil interieur du Prince a trois sources, la nature, l'education,*

& l'experience. La nature ouure à l'homme les moyens & la lumiere de l'intelligence plus ou moings qu'est la qualité du temperament, duquel ſortent les premieres formes, & lineamens aux couſtumes, & à toutes les actions de l'Eſprit, qui ayant en ſes operations beſoing du corps, ne faut doubter que ſuiuant la varieté de ſa temperature, il ne change par meſme moyen en l'homme les affections & inclinations. Ce don de nature eſt de telle importance, que ſans iceluy toutes autres diligences qu'on y pourroit apporter demeurent vaines: tellement que ſi vn Prince naiſſoit auec vne ſi extréme predomination d'vne des humeurs, qu'elle ne peut eſtre moderée par le frain de la raiſon, s'enſuiuroit neceſſairemẽt qu'il ſeroit incapable de regner, ou occaſion de ſa ruine. Entre les temperamens moderez, le ſanguin eſt plus de-

sirable au Prince, quand mesmes il est mediocrement meslé auec le melancolique, pour temperer le superflu mouuement du sang. La raison est, que tel temperament rend ordinairement l'homme de face honorable, de presence noble, & plaine de Majesté; faict le corps sain & de longue vie, incline l'Esprit à ce qui est moderé, iuste, magnanime, & clement; où s'impriment facilemēt les regles de la doctrine, l'habitude de la vertu, & les preceptes de la prudence: c'est ce temperament qui a accoustumé de monstrer dés l'enfance vne certaine vertu attractiue, qui alleche & attire auec vne douce force les Esprits de ceux qui la contemplent: don veritablement singulier, quand il se rencontre en vn Prince, & qui a esté plusieurs fois suffisant de faire qu'vn Prince a passé le cours de sa vie auec gloire & felicité. Le temperament qui moings est desirable en vn Prince, est le flegmatique, pource que l'homme de ce temperamēt sera tousiours plus apte à la seruitude qu'à la domination, aura vne incapacité directement contraire à la doctrine, vne stupidité ennemie de la prudence, vne tardiueté tres-dangereuse aux momens des occasions, & vne certaine veuë de l'intellect, qui le tiendra tousiours ombragé, & plein de soupçon, peste tres-grande au gouuernement public. A tel temperament, manque la grãdeur de courage, la generosité des resolutions, le ressentiment des offences, la lumiere pour se resoudre, l'entendement pour executer: & en ce peu de resolutions & executions qu'il a accoustumé de faire, la fortune y a plus de puissance que l'Eslection, & ne paruient iamais à cest aage qui le puisse mettre hors de la tutelle du conseil exterieur. Au temperament mediocrement colerique, il y a meslange de bien & de mal; car cestuy-cy rend l'homme d'agreable presence, mais de complexion irresolue, pour la tenuité & foiblesse des organes, fort subject à l'alteration des humeurs, & par consequent de vie courte, & moins apte aux trauaux tant du corps que de l'Esprit; le rend pareillement desdaigneux, colere, lascif, peu secret, non tant graue & stable que son degré & fortune le requierent. Si est-ce qu'auec tout cela les autres inclinations de son Esprit sont plus aptes à suiure le chemin de la vertu que celuy du vice, estant sa coustume d'estre resolu en ses conseils, plein de viuacité en l'execution, prompt à prendre party, hardy aux entreprises, & genereux en ses intentions. Quant au temperament melancolique, bien qu'il ne face le Prince de Majesté & presence Royale, comme il ſembleroit eſtre requis, ny de mœurs ſi agreables, peu magnanime & enclin à la clemence, ains deſireux pluſtoſt de chaſtier les vices, que de recompenſer la vertu; ſi eſt-ce qu'il le rend toutesfois ſain, & robuſte de corps, inuincible aux trauaux, reſerué, peu parlant, graue, ſecret, induſtrieux, non voluptueux: & bien que d'eſprit timide, neantmoins aßidu aux affaires du gouuernement. Et pource qu'ordinairement les Princes ſe laiſſent aller aux inclinations qui leur ſont naturelles, à cauſe du temperament, celuy qui voudra faire pronoſtiq de leurs fortunes par leurs actions, prendra bien garde à leurs temperamens, afin qu'il ne ſe treuue trompé.

De l'education. CHAP. IIII.

L'*Education, comme fontaine &* I.
origine de toutes habitudes, ſoient

bonnes ou mauuaises, est en tout & par tout le fondement principal de la felicité mondaine; & de ceste-cy sort l'establissement, ou la ruine des Estats, la Seigneurie ou la seruitude des nations, la naissance ou la cheutte des Empires. La seule education, dy-ie, bien ordõnée, est la mere des bonnes coustumes; les bonnes coustumes sont les racines des bonnes loix; & les bõnes loix, fondées en bõnes coustumes, sont la forge des armes, & de la puissance. Or là où les bonnes mœurs, les loix & les armes florissent en excellence, il s'ensuit necessairement qu'il y ait grande puissance en l'Estat, grand heur chez les subjects, & grande Majesté au Prince. La bonne education n'est autre chose qu'vne bonne & diligente culture de l'Esprit qui donne lumiere à l'intellect, empire à la raison, bornes à la volonté, frain aux desirs & affections, regle aux actions, &

gaillardise au corps, fruicts qui ne se treuuent iamais assez meurs, sinon en ces Esprits là qui en ont esté imbus à temps, & à propos. Ceste bonne education est aussi requise à tous les hõmes pour viure bien & heureusement, comme l'ame pour demeurer en vie; & est tant souhaitable & necessaire au Prince, qu'on peut tenir pour certain, que sans elle il aduiendra qu'en l'Estat où vn Prince domine, on rencontrera vne calamité publique, & vne peste vniuerselle, au lieu d'vn Pere & d'vn Pasteur.

De l'experience. CHAP. V.

L'*Experience est la guide de l'intellect, la regle de la volonté, & l'ame de la prudence; sans ceste-cy on ne peut bien gouuerner en la paix, ny bien commander en temps de guerre: Le corps de l'Estat est partializé, les maladies dont* 1.

il est affligé ne se guerissent point; on ne cognoist les medicamens qui luy sont propres à prendre ou à laisser, ny le tẽps qu'il les faudroit appliquer, & alors se commettent les erreurs ou grandes ou petites. Ceste experience est de deux façons, l'vne est celle que les siecles ou l'aage du monde a produit, & les regles s'en tirent de la façon que le peut souffrir le continuel mouuement des choses humaines. L'autre est celle que l'homme en particulier se bastit durant le cours de son aage, laquelle sans la cõpagnie de la premiere, est si briefue, & si empeschée, qu'il n'est iamais aduenu qu'auec sa conduite seule, quelqu'vn ait atteint vn excellent degré aux actions ciuiles, & maniment d'affaires d'Estat, pource que nos iours y arriuent trop tard, estant nostre vie courte. Outre que ceste experience particuliere ainsi nuë communément est dommagea-

mageable au Prince, & perilleuſe au public de l'Eſtat, pour autant qu'elle n'apprend iamais à faire, ſinon qu'en desfaiſant, & ne cognoiſt l'ordre qu'il faut tenir, que lors qu'il luy eſt enſeigné par le deſordre. L'experience doncques qui rend le Prince prudent, doibt eſtre composée des deux que nous auons dict cy deſſus.

Ceſte experience, qui eſt acquiſe par le diſcours des aages & du monde, eſt diuisée en trois: la premiere apprend l'hõme à ſe gouuerner ſoy-meſme; la ſeconde luy enſeigne les affaires d'Eſtat; la troiſieſme eſt vn amas d'hiſtoires, recueillies des ſiecles des choſes dignes de memoire, propres à ſeruir aux deux precedentes. Ceſte cognoiſſance ſert d'ayde tres-forte, pour regler le preſent, & preuoir à l'aduenir. L'effet principal de la prudence qui naiſt d'exemples, & obſeruations particulieres, deuient plus forte 2.

& roide par la cognoissance de l'histoire: de là est-il aduenu que plusieurs auec la seule experience generale & vniuerselle, sans s'estre iamais meslez d'affaires particulieres, ont heureusement formé de grandes Citez, & de bonnes loix, ont ordonné legitimes formes de viure à des peuples & nations, comme par exemple Carondas aux Citoyens de Cataue, & plusieurs autres villes & Citez d'Italie: Draco aux Thessaliens, Hipomenes à ceux de Milet, Philolaus aux Thebains, Pitacus aux Lesbiens, & Platon aux Magnesiens & Siciliens: bien est-il veritable que l'homme sage & d'estat a besoing de la generale & particuliere experience. Tels furent ces deux yeux de la Grece, Solon, & Licurgus. De là ils tirerent la science de former ces deux tant excellentes republiques, Athenes & Sparthe, qui demeurerent en Estat

huict cens ans, auec si grande gloire & puissant Empire; & eurent tant de clarté & de iugement à former leurs loix, à les temperer, & ordonner si iustement, qu'encores la plus grande part du monde se regit & vse des loix par eux ordonnées.

Des premieres actions du Prince.
Chap. VI.

AYant consideré les parties dont le Prince par la benignité de nature, la diligence de l'education, & la guide de l'experience doibt estre doué; finalement nous le logerons au commencement de son regne, & aduenement à la principaulté, à mettre vn iuste poids aux actiõs, qui lors luy sont plus conuenables, & qui sont d'autant plus d'importance que plusieurs feront iugement de tout le cours de son regne par ses premieres actions. 1.

C'est chose naturelle, que deslors qu'vn
Prince a prins possession de son Estat,
qu'il cõuertit à soy les Esprits de tous ceux
qui y ont interest & en ont cognoissance, comme sont les subiects : pource que
la qualité du Prince, ou bonne, ou mauuaise, leur importe grandement. Les
compeuples qui sont en sa protection, ou comme amis & confederez sont compa-
gnons de sa fortune. Les enuieux &
coennemis ont außi grand interest à ceste cognoissance de sçauoir par quels commencemens le Prince gouuernera, s'ils sont
reglez par prudence & valeur, ou bien
par ignorance, & faineantise. Ces commencemens sont de telle consequence au
total de l'Empire, que le Prince s'en doibt
prendre garde, comme de chose la plus
necessaire qui puisse estre. Le Prince
donc se doibt efforcer qu'à son aduenement il imprime aux Esprits d'vn cha-

cun, par ses belles actions, la meilleure opinion de soy qu'il sera possible. Mesmes que l'on estime qu'il ne merite pas seulement la principauté dont il iouït, mais qu'il est digne & tres-capable d'y en adiouster vne plus grande, si le temps & les occasioms s'en presentent: & si en toutes actions les bons commencemens reuiennent à la moitié de l'œuure, ils passent bien plus oultre en l'art de regner. Les actions du Prince, qui ont accoustumé d'engendrer ceste opinion, sont celles qui le font cognoistre religieux és choses diuines, & suffisant és humaines.

Ceste opinion que l'on a, que le Prince 2.
est fort religieux & consciencieux, si elle est vne fois bien establie, il semble & auec raison, que toutes autres vertus y sont necessairement coniointes, elle remplit les cœurs du peuple de reuerence, leur donne asseurance d'estre bien gouuernez,

& deffend ordinairement la porte par où les inconueniens plus perilleux & plus dommageables à l'Estat & au Prince, ont accoustumé d'entrer, qui sont bien pres de quelque ruine, toutes les fois que l'Estat de la Religion n'est bien ferme au cœur du Prince, qui toutesfois doibt fuïr & euiter la superstition, & dissimulation, comme deux escueils merueilleusement dangereux, à l'vn desquels la trop grande finesse hurte ordinairement, à l'autre le peu de prudence. Pour ce que la superstition le rendra mocqué, inhabile, & mesprisé, & la proye tres-facile de quiconque le voudra tromper, & la simulation en la Religion auec le temps, le remplira de confusion. Car tout ainsi que la droicte conscience en la Religion remplit les Esprits des hommes de tout honneur, & respect enuers le Prince, si la dissimulation & la religion luy seruent de

masque pour paruener à ses desseins, cela le rendra odieux, & suspect à chacun, & luy empirera sa condition, & maniment de ses affaires: voire sera cause, que l'on fera estime de proceder en son endroit de la mesme tromperie auec laquelle il aura voulu tromper autruy. Car en fin il n'est chose que le commun consentement des hommes ait tant en horreur que celuy qui conduit ses actions par tromperie & dissimulation; l'artifice toutesfois, où la religion n'est pas meslée, est souuẽt instrument biẽ necessaire à regner, & sert grandement à l'Estat, estant conduit par prudence: aussi est-il fort nuisible lors que l'on y descouure de la finesse.

Puis donques que l'opinion que le peu- 3.
ple a vne fois conceuë, que le Prince est veritablement consciencieux, & craignant Dieu, est l'establissemẽt des Estats, la seureté des peuples, la base du repos,

l'augmentation de la vie, & l'esperance d'vne heureuse mort: nous commencerons par la religion à dresser les fondemens de nostre Prince, & les asseoir heureusement sur le roc du vray, & non sur le sable du vray-semblable.

4. *Les premieres actions qui donnent au Prince la reputation d'estre grandement prudent és affaires d'Estat sont deux: l'ordre qu'il establit en sa propre maison, aussi tost qu'il est paruenu à la succession; & l'eslection qu'il faict de ses domestiques & seruiteurs. Les reglemens de sa maison particuliere, seront les originaux d'où le peuple prendra la coppie pour se gouuerner chez soy. Car il n'est rien si prest ny prompt à estre suiuy, & seruir d'exemple, que les deportemens de la Cour: d'où procede la plus grande part du bien ou de la corruption de l'Estat, le repos, ou le trouble des peuples, le bruit de la vertu, ou*

de l'infamie du Prince, lequel ne peut iamais estre si riche qu'il n'ait ordinairemẽt necessité d'hommes d'honneur, qu'il ne peut former ny posseder, si par les deportemens & desordres de luy, & de sa maison propre, il est le premier à les corrompre: & puis qu'il n'est pas impertinent au Prince de considerer les conditions des choses humaines, & recepuoir ses propres & particulieres imperfections, faudra necessairement que du bon ordre & reglement de sa maison procede le train de vie que doibuent tenir les femmes de la Cour, tant pour l'exemple vniuersel de ce sexe, que pour la conseruation de sa reputatiõ & contentemẽt particulier. Cesar Auguste lors qu'il sembloit auoir partagé le monde auec Dieu, nonobstant sa grande puissance, ne peut toutesfois euiter que la fortune ne luy en iouast d'vne, pour l'infame vie de ses femmes, l'vsage de seruir publiquement les dames de la Cour la rend veritablement plus alaigre, & de passetemps. Mais aussi ne peut-on nier que ce ne soit vn maniment fort dangereux à estre cassé, & fort propre à ioüer des tragedies notables. Il est donc necessaire que l'Estat & la maison du Prince soit si bien temperé & reglé que son honneur & grandeur y soient conseruez, & soit comme source de la droicte & generale education de tous, s'il desire qu'on l'ayme & qu'on l'estime.

Quels ministres doibt eslire le Prince.

Chap. VII.

1. *La premiere eslection que le Prince faict de ses officiers plus confidens descouure soudain sa capacité, & monstre ses plus secettes inclinations. Les er-*

reurs qui s'y commettent en cela procedent quelquesfois de la coulpe du Prince. L'erreur vient de l'Estat, quand par la maligne influence du Climat, & mauuaise nourriture du païs l'on ne peut rencontrer personnes graues, & propres à manier affaires publiques, comme l'on peut voir en la plus grande partie de l'Asie: par la coulpe du Prince, s'il est de naturel soupçonneux, il a en horreur les excellens hommes: s'il manque de iugement, il ne sçait disposer les charges selon la iuste proportion de la capacité d'vn chacun: ou quand par trop de facilité il permet que le merite demeure loing derrieré la faueur, il n'est iamais aduenu que telle eslection n'ait esté tousiours dommageable à la manutention de l'Estat: mais elle a plus de vigueur à mal faire quand il est encores au commencement de sa domination, pource que ce temps est propre aux nouueautez, d'autant plus dangereuses, que les conditions de l'Estat ou les qualitez ou actions du Prince en donnent quelque bonne occasion, ou opportunité, qui sont quand l'estat change de seigneur, quand il est tirannisé par l'auarice du Prince, quand il ne le congnoist que de nom seulement, qu'il est different du Prince de langue, & façons de faire, lors qu'il est absens & esloigné des forces & corps de l'Estat, Quand dans les entrailles de l'Estat, il y a des subjects puissans & propres à donner entrée à quelques concurrens, quand les subjects sont de nature inconstante, legere & infidelle, quand il est voisin de quelque autre estat puissant, y ayant droict & legitime pretention, quand il recognoist l'inuestiture & souueraineté d'autruy, pour la seureté de sa succession, lors qu'il n'est pareil à son predecesseur, ny aux reglemens de la guerre, ny aux nerfs des reuenus & finances, ny en l'esgalité de la Iustice, ou quand dans son Estat s'introduit le desir sur le changement de la religion, ou qu'il abuse d'icelle.

Les qualitez & actions du Prince, 2°
propres à esmouuoir troubles & seditions au commencement de sa domination, sont le iugement que l'on faict de son incapacité, indigne de la grandeur de sa fortune, & du rang qu'il tient lors qu'il se remet du gouuernement total à l'administration d'officiers imprudens, cruels, audacieux, auares, & sans merite, & qu'il recule ses plus fideles amis, & seruiteurs: qu'il embrasse, & se restrainct auec gens desloyaux & de mauuaise conscience, qu'il se fie à vn ennemy offencé, & reconcilié; descouure ses pensées, & desseings turbulens & perilleux à

des estrangers, qu'il achepte la paix, ou la trefue, auec manifeste confeßion de derniere neceßité, & de n'en pouuoir plus; qu'il ouure imprudemment quelque frontiere de ses Estats, se deffie vainement de ses propres forces, & qu'il depend du tout des mercenaires, & estrangers, faict cognoistre qu'il est naturellement enclin à suyure Conseil, accompagné plustost de finesse que de vraye prudence. I'appelle Conseil prudent le but certain où se doibuent addresser les iustes actions, & pour s'y conduire se desuoyer de tous chemins vicieux, & suyure totalement l'honeste. Les Conseils cauteleux se proposent vne mesme fin. Mais le chemin n'est semblable, ains du tout contraire à la vertu & honnestete, chose fort odieuse au monde, & desagreable à Dieu, qui faict que la plus part de tels Conseils reüßissent à succez malheureux, & la-

mentables: & bien qu'aux actions d'vn Prince ſage, bon & moderé on y voye quelquesfois l'honneſté faire place à l'vtilité, neantmoins cela n'aduient de ſon choix, mais contraint de la neceßité pour garder en ſon entier le corps vniuerſel de l'Eſtat, qui deuient quelquesfois ſi malade, que la fineſſe luy peut ſeruir de Medecine. Mais quand on void que le Prince vſe de Conſeils fins, & cauteleux, non pour remedier à la neceßité preſente, mais comme de vin & viande ordinaire; il faut croire qu'à la longue il ſera architecte de ſon malheur. Cela ſe prouue par deux raiſons. La premiere, parce que la reputation d'eſtre fin & cauteleux eſt odieuſe, & acquiert des ennemis au Prince qui ſe perſuade pouuoir tourner le monde à ſa façon, auec fraude & tromperie. La ſeconde, que le Prince ayãt acquis le nom de fin & cauteleux, &

aymant ceste façon, il priue par ce moyen ses officiers & ministres d'vn libre iugement, lesquels biẽ qu'ils fussent d'autre inclination, neantmoins il faut qu'ils se rangent à celle du Prince, pour obeïr & se rendre agreables à qui commande, & aquerir par vne foible dissimulation la reputation de prudence en son endroict, estant certain & veritable que le Prince tient celuy pour sage, & bien aduisé, qui plus se conforme à ses volontez, & à suiure ses mesmes artifices, de sorte qu'il ne se prendra garde, qu'en peu de iours il se trouuera enuironné, non de conseillers mais de renards: & pource qu'il est necessaire que le vaisseau se ressente tousiours de la liqueur, dont il aura esté imbu, lors qu'au besoing il faudra experimenter la suffisance de tels officiers, il ne faut doubter qu'il ne les trouue tels que luy mesme les aura formez, plains d'arti-

d'artifices, & guidez tousiours de leur interest particulier. Les officiers & ministres de plus grande importance sont de trois façons, à sçauoir ceux qui ont voix & seance au Conseil d'Estat: Ceux qui sont employez aux charges, & affaires de la guerre: & les derniers, sont ceux qui sont employez aux embassades & negotiations. Il faut que tous ceux-cy soient tellement aydez de la nature, que bien qu'en effect ils ne soient que personnes priuées, qu'ils semblent neantmoins priuées en puissance: & tant plus ils declineront de ceste excellence, d'autant plus se verront debilitez les fondemens de l'Estat.

Les moyens de bien regner.
Chap. VIII.

LE Prince ayant pris possession, esta- 1.
bly son estat, & acquis ceste reputa-

tion, par le moyen de ses premieres actiõs, d'estre asseuré & prudent és choses diuines & humaines, afin que telle impression ne s'esuanouisse, ains aille tousiours croissant iusques aux bornes conuenables à sa perfection pour ietter des fondemens stables, il doibt commencer à mettre en auant, & voir des moyens propres & necessaires à regner, que nous auons declaré au commencement de ce discours, desquels le premier est l'intelligence de pouuoir penetrer iusques au fond de la nature des subjects; pource que combien que tous hommes soient formez à mesme moulle, & que tous iouissent du iour, accompagnez de mesmes affections naturelles, neantmoins il se void par vne secrette force du Ciel, qu'en diuers climats, & parties de la terre, il influe diuerses proprietez, & imprime aux animaux qui y viuent des particulieres inclina-

tions, differentes & contraires les vnes aux autres, soit en meurs ou coustumes: & se void pareillement que l'education d'vn païs a telle vertu, qu'elle destuit tout a faict le stile de la nature vniuerselle: de façon que l'homme d'estat doibt sçauoir & cognoistre non seulement les perfe-ctions & imperfections qu'apporte auec soy le commun genre des hommes, mais encores les inclinations & affections qui sont propres & particulieres à ses subjects: à quoy ne faut employer ny grand soing, ny grand cure, d'autant que c'est chose commune & vulgaire, & luy suffira seulement de s'en vouloir enquerir: De ceste cognoissance naist le second chef, qui est la prudence de sçauoir donner des loix conuenables aux peuples en particulier. Et tout ainsi qu'il n'est escuyer si excellent qui puisse determiner quelle sorte de bride est bonne pour vn cheual, si premierement il ne cognoist la qualité & naturel de cet animal, pareillement vn Prince ne pourra donner loix conuenables au peuple s'il n'a cognoissance de sa nature, & des affections qui luy sont plus propres & enracinées, pource qu'encores que la proportion de la iustice distributiue & correctiue se prenne de la nature vniuerselle de l'homme, neantmoins elle se forme puis-apres par la practique de la condition des vns & des autres hommes. Qui voudroit gouuerner les peuples d'Asie auec d'autres loix que celles dont vse le Turc, il est certain qu'il fonderoit vn Estat de peu de durée: Estãt ceste partie du monde de telle nature, soit qu'elle soit forcée de l'influence du Ciel, ou de mauuaise education, qu'elle est propre à produire le peuple de nature seruile: A quoy non seulement il s'accommode, mais ceste espece de gouuernement luy eſt grandement neceſſaire: & au contraire qui voudroit vſer de ces meſmes loix enuers quelques Eſtats de l'Europe, il ne faut doubter qu'en bref la ruine de l'Eſtat, & du Prince ne s'en enſuyuiſt.

Nous auons dict au commencement, 2.
que les reglemens d'ordonner la guerre eſtoit vn des trois fondemens de l'Eſtat: il reſte à parler des forces, qui conſiſtent principalement aux armes, la puiſſance deſquelles eſt en vigueur quand on y procede auec bon ordre. Il y a quatre façons de bien ordonner le faict de la guerre: le premier, d'eſtablir cette forme d'educatiõ vniuerſelle, qui rend les ſoldats obeïſſans aux loix, & propres à ſupporter toute ſorte de diſette, & de trauail, compagnõs perpetuels de la guerre, & racines viues de la puiſſance de l'Eſtat: Ceſt ordre eſt le plus grand profit que le Prince y puiſſe apporter, & ce qui l'aſſeure le plus.

Le second, se cognoistre en l'eslection des hommes de guerre: estant ainsi, que la diuersité des climats cause si grande varieté aux qualitez particulieres des nations, que quoy que l'education soit bonne en vn gouuernement, elle ne pourra neantmoins faire qu'vn soldat qui est nay & esleué en païs fort chaut, soit si courageux, ny qui auec tant de magnanimité mesprise la mort comme fera celuy qui est né en region froide: Ny cestuy cy ne sera iamais si vigilant & accort comme l'autre: Et l'homme né en païs bien temperé sera propre pour estre non moins prudent que vaillant. Par cela peut-on cognoistre qu'il n'est pas tousiours veritable de dire que qui a des hommes les peut rendre bons soldats, s'il veut, pource que les formes ne s'impriment que suyuant la disposition de la matiere. Nous sçauons certainement qu'on ne peut tenir la campagne que moyennant l'ordonnance qui en est establie, à laquelle ne furent iamais propres les Arabes, les Mores, les Parthes, ny aucun autre estat de l'Asie. Ce qui n'aduient par faute de discipline ; c'est la nature qui ne leur a pas donné assez de courage pour soustenir le choc desdites ordonnances.

Le Prince donc qui seigneurie plusieurs prouinces, & de diuersité de naturel, doibt proceder auec vn solide iugement au chois des hommes, ausquels auec bonne experience il met les armes en la main.

Le troisiesme ordre est celuy qui enseigne d'armer l'Estat auec iuste proportion, & les soldats auec les armes qui leur sont propres ; estant ainsi, qu'vne seigneurie est plus apte à seruir à cheual qu'à pied ; & vne autre plus propre és armes de mer que de terre. Cestuy-cy voudra estre armé de piques, l'autre d'arquebuses, & cest autre au contraire : la qualité mesmes des armes est de grand poids au bon ordre de la guerre, lequel chez les Romains alla tousiours variant, iusques à tant qu'ayant apris de toutes les nations plus belliqueuses ce qu'elles auoient de bon, finalement paruindrent à former le parfaict art de la discipline militaire. Le 4. ordre de la guerre consiste en la cognoissance de ces points, qui sont marcher, loger l'armée, combatre en campagne, se deffendre, assaillir places fortes. Ces ordres sont tellement importans au total de l'Empire, qu'encores qu'il fut desbordé, & mal reglé en ses autres parties, la seule discipline militaire est suffisante pour le conseruer. Cecy se void clairement en tous estats, mais plus en celuy des Romains, d'autant que iamais republique fameuse n'eut les occa-

sions de sa ruine si prompte que la leur. Mais ceste heureuse discipline militaire dont elle estoit entretenuë, guerissoit soudain comme vn fort estomac, quelque desordre que peut faire le corps de cest Estat.

L'art d'administrer la guerre est pro- 3
pre au Capitaine general ; & pource qu'entre les choses humaines ceste-cy est la plus arduë & difficile, il faut que le personnage qui a pris telles charges soit doüé de plusieurs belles parties, & sur tout de quatre, qui sont des principales: vne longue experience du faict de la guerre, la valeur propre de sa personne recogneuë d'vn chacun, auctorité & credit non seulement enuers les siens, mais encores enuers les ennemis ; & qu'il ait accoustumé d'auoir quelque particuliere faueur de la fortune en ses entreprises ; ie dis longue experience, pource que l'art de

la guerre est peu ou point aydé de la lecture des anciennes nations, mais s'apprend à la campagne & non en la chambre: le temps, l'vsage, la participation des deliberations d'importance, l'obseruation des deliberations, la consideratiõ des euenemens en sont les vrays maistres & precepteurs. De ceste cognoissance naist ceste vraye prudence qui sçait choisir les aduantages à propos, sçait mesurer ses forces à celles des ennemis, sçait pouruoir à tous les cas fortuits, & casuels: Changer de deliberation quand la varieté des accidens le requiert, preuoir les conseils & desseings des ennemis, & prẽdre auec promptitude l'occasion, si le desordre des ennemis en donne subiect: Cognoistre quand & comment il faut preuenir l'ennemy, & quand il s'en faut diuertir; en quel temps il faut tendre à la victoire par la force des armes, ou en temporisant:combien importe de se haster par trop aux occasions non prestes, ou de les laisser tant meurir qu'elles enuieillissent, & sçauoir dextrement representer ceste belle temperature d'humeurs, de se monstrer par fois plaisant & agreable, & à l'autre hardy, & prompt aux executions ; c'est vne chose grandement necessaire pour retenir en vnion & obeissance la diuersité des nations, la varieté des mœurs, & la disposition des Esprits, qui est en vne armée composée de plusieurs nations, & differentes de langage : estant ceste vertu tellement requise en vn chef d'armée, qu'elle seule peut estre cause de sa bonne fortune, comme elle fut le principal fondement de la grandeur d'Annibal de Carthage. Mais la valeur de la propre personne du chef est la premiere & principale cause des bons euenemens, & l'Esprit qui anime l'armée; car ores que ce ne soit pas le debuoir du general de combatre luy-mesmes, ains d'ordonner si bien le combat, qu'il y soit procedé auec art & experience; Toutesfois sans vn poignant esguillon de sa valeur, il ne paruiendra iamais à l'execution des belles & grandes choses, & singulieres actions. Outre ce que le bruit de sa valeur, & d'estre monté à ce degré non par faueur ains par merite, sert d'exemple vif & plein d'efficace pour induire les hommes à l'imiter & se fier du tout en luy, & pource que ceste force de la fortune, qui peut tant és choses humaines, est beaucoup plus vigoureuse és succes de la guerre, & principalement aux batailles, où il y va du tout, ie dis que l'on doibt faire grand compte de l'heur ou malheur d'vn general d'armée; & comme il en est accompagné en ses actions. Car il se trouue tel Capitaine, tellement marié auec le mal'heur, que iamais conseil ny dessein ne luy reüssit à bien: comme il y en a eu deux en Italie fameux, à cause des malheurs qui leur sont aduenus, Barthelemy d'Aluian, & Pierre Strossy, homme rare, pour les belles conditions que l'on pouuoit apperceuoir en luy, mais frappé perpetuellement, comme il disoit luy mesme d'vne secrette force du Ciel, dont il fut tellement persecuté, que iamais chose qu'il entreprint ne luy reüßit à bien, & s'il fist toutesfois plusieurs grandes entreprises: & au contraire, il s'en trouue d'autres, qui nais soubs quelque benin aspect des lumieres celestes, ou bien (comme raisonnablement il fault croire) fauorisez des particulieres graces du Ciel tout puissant, sont ordinairement aßistez & conduis de la faueur de fortune, qui faict qu'ils conduisent à bon port leurs affaires; pourtant sage sera le Prince, de se *seruir, & approcher de luy ceux-cy, & se garder d'employer les autres, le plus qu'il luy sera possible ; si vne extrême faute d'hommes d'honneur ne le priuent de ceste eslection: & si cela aduient, il s'en doibt imputer la faute, & non à autruy, & se plaindre de son peu de soing, qu'ayans l'Empire d'vn grand & puissant Estat, il se trouue à la necessité despourueu de ces instrumens, qui sont l'ornement de la paix, & les assistances pour la guerre.*

L'industrie de maintenir la paix.

Chap. VIII.

1. *LA guerre qui interuient en vn estat est de deux façons; l'vne sera en l'Estat, qui s'appellera Ciuile, qui est l'Estat contre le Prince, ou le Prince contre l'Estat, procedant d'vn iuste ressenti-*

mẽt des ſubjects, ou d'vne iniuſte rebelliõ. Ou bien l'Eſtat & le Prince enſemble prendrõt les armes cõtre des forces eſtrangeres, & ceſte guerre s'appellera eſtrangere. Les moyens pour paruenir à ce que ces guerres ſoient euitées, conſiſtent en l'induſtrie de maintenir la paix: la guerre Ciuile, qui prend pied en l'Eſtat ancien de Monarchie procede de la debilité du Prince, causée de ſon bas aage, ou par ſa trop grande incapacité. Or il eſt beſoing que celuy qui regne preſuppoſe luy pouuoir aduenir choſe ſemblable, & qu'il mette ſi bon ordre par tout, qu'il ferme l'entrée à tous inconueniens à venir: ce qui ſe faict regardant principalement deux choſes, l'eſtat de la Religion, & la qualité des principaux hommes de ſes ſubjects. Car ſi la religion admet nouueautez eſſentielles, incontinent elle deuient vne ſemence de troubles, &

guerres Ciuiles, & administre plusieurs pretextes, & viues couleurs à ceux qui sont conuoiteux de choses nouuelles : si celuy qui domine constitue sans ordre ny merite quelque personne ou famille particuliere en trop d'honneur & d'authorité; ceux qui le pensent meriter mieux en sont mal contens, & ne le voulans pas souffrir se iettent au desir de choses plus grandes, & ouurent le chemin des guerres Ciuiles : l'Estat prend lors les armes iustement contre le Prince, quand il abandonne la Religion, abuse des plus sacrées ceremonies d'icelle, & tasche d'introduire en l'estat des sectes faulces. Car le debuoir que l'homme doibt à Dieu l'estraint plus fort que celuy des hommes, & rompt tous liens, soit de la nature, des loix ou de la volonté. Et hors de là le vassal doibt souhaiter vn bon Prince, & supporter le mauuais, autrement

l'Estat

l'Estat du monde tomberoit en confusion. Mais en ceste obligation ne se doibt tant fier le Prince, qu'il en oublie le debuoir; pource que rarement les subjects paruiennent à ceste sommité d'obeissance: & tous ont ceste ferme foy, que le fer & non autre chose peut guerir vn mauuais Prince.

Les rebellions prouiennent communément de la nature des subjects, de la qualité de l'Estat, ou des conditions du Prince. Les subjects naturellement legers & inconstans, & plains de vanité facilement viennent à ce desir de changer de fortune; & pour si legere occasion qui s'en presente, l'entreprēnent incontinent; comme on a veu plusieurs fois au Royaume de Naples. Lors que l'Estat est de telle qualité, que plus que d'vn Prince y a droict de pretention, & que chacun en a esté en possession; il est force que cepen- 2.

pendant que les contentions sont fresches, que l'Estat soit diuisé & plain de factions particulieres, vne desquelles sera à force ouuerte, du tout contraire, ou portera secrettement mauuaise volonté à celuy qui domine. Les conditions du Prince propres à diuiser l'Estat sont, pour estre meschant, iniuste, incapable, auare, ingrat, leger, mesdisant, & indigne de sa fortune. Ceste incapacité donne courage & occasion aux principaux hommes de son estat de luy courir sus, & le despouiller de sa charge. Et l'iniustice est vne assez iuste couleur de prendre les armes, estant aduenu plusieurs fois que les hommes ont donné la principauté à tel personnage qu'ils en ont estimé digne, pour le desir d'auoir vn chef qui les deffende d'oppreßion, & les gouuerne en iustice: estant chose certaine, que le Prince qui est incapable, & inique, ne merite point de regner. La capacité prouient de la nature, aydée de la nourriture, & reduitte au plus hault de l'experience, parties fort ſingulieres & puiſſantes pour enſeigner la droicte adminiſtration de Iuſtice, qui eſt la choſe plus deſirée par les ſubjects, & ſe doibt traicter en ſorte qu'elle ſerue pour vn des plus forts & neceſſaires instrumens qui ſe puiſſe apprendre en tout l'art de regner: & ſans ceſte iuſte diſtribution, qui eſgalle les profits & commoditez, diſtribue les honneurs, & proportionne les charges; le Prince en temps de paix ſera eſtimé tiran, & en temps de troubles ſera fort ſubject à ruine: la chicheté des proffits, & l'auarice du Prince, offencent communément le peuple de bas eſtat; mais l'ingratitude & l'inconſiderée diſtribution des honneurs à perſonnes indignes & ſans merite, bleſſe de telle ſorte les

Esprits des grands, qu'on peut alleguer infinis exemples, qu'vn degré d'honneur donné plustost par faueur que par merite, auoir si estrangement aliené les Esprits des autres, reputez gens de vertu, qu'ils n'ont point eu d'esgard à leur propre calamité, pourueu que celle du Prince y fust enuelopée, pour luy faire apperceuoir, & repentir de l'imprudence de son eslection, & d'auoir distribué l'honneur & la dignité à qui ne la meritoit point, & esté ingrat de recongnoistre les seruices : & comme ceste faute à toutes occurrences produit des malins effects, ils sont beaucoup plus dangereux en temps de guerre, en laquelle la foy & la bonne affection des Capitaines & gens d'honneur est plus necessaire & souhaitable.

3. *L'effet principal de la prompte ruine de Ludouic Sforce vint de là, & eut tant de force, qu'en vingt iours il fut despouil-*

lé d'vn Estat puissant, fourny de iustes prouisions, non seulement capables de tirer la guerre en longueur, mais de resister à force ouuerte à l'ennemy, ce mal luy estant procedé pour auoir faict eslection de Galeas de Sanseuerin, *bon coureur de bague, mais mauuais* Capitaine; *& luy auoir baillé la charge totale de la deffence de son Estat, le preferant au* Comte de Gayaze *son frere aisné, plus experimenté au faict de la guerre: dont ce* Comte *se tint tellement iniurié de* Ludouic *pour ceste eslection, & d'auoir preferé son cadet à luy, grand* Capitaine; *que par vn despit incapable de consideration il effaça de sa memoire plusieurs grands bien-faicts receus de ce* Prince; *procura auec grande ardeur sa ruine, bien qu'il fut son* Seigneur, *& l'infamie de son frere, tant a de force és* Esprits *des hommes genereux, le iuste desdain d'vne in-*

iuste distribution. Dauantage l'honneur de preference au gouuernement des Prouinces mal distribué, cause non seulement vn iuste desdain en l'Esprit de ceux qui par leur merite y doiuent estre appellez, mais encores peut sousleuer les peuples, iusques à les reduire à manifeste rebellion; estant ainsi qu'vn gouuerneur, de qui les qualitez sont mal propres, & indignes de gouuernement, reduit en bref la Prouince qui luy est commise à des conditions si miserables, que les subjects ne le pouuant supporter auec patience ont recours à la reuolte: & par exemple on a veu qu'vne iniuste distribution d'honneur, & de charge donnée à vn officier, paillard, auare, & violent, l'espace de dix huict ans entiers, auoir esté cause de l'entiere perte du Royaume de France, & d'vne infinité d'hommes l'an de nostre salut 1282. & n'est pas moings perilleuse la desreglée faueur, & bonne grace du Prince en la personne d'vn seul qui en occupe le premier lieu, pource que cela dissoult l'vnité de la principauté, desvnit son Conseil, affoiblit les forces de ses armes, desordonne la qualité de sa iustice, & se trouue le Prince perpetuellement enuelopé d'vn rets d'artifice plus ou moins perilleux, selon que plus ou moins seront grands les Esprits de son confidant. L'vnité de la principauté se dissoult en plusieurs façons; mais entre tous, la plus dangereuse est, quand le Prince esleue quelqu'vn, auquel sans merite & par faueur excessiue & extraordinaire, il faict auoir part aux conseils & deliberations de l'Estat les plus importans; pource que lors vne porte de l'Estat est ouuerte à quelque potentat, qui se resoudra d'y entrer par les moyens communs, & familiers à la corruption. Mais sans doubte la plus grand part de l'esperance des subjects trouuera entrée par ceste porte, taschant à gagner la faueur du seruiteur plustost que celle du Prince; & receuoir de luy ce qui deuroit immediatement partir de la bonté & eslection du Prince. Que si le fauory par son insuffisance au gouuernement de l'Estat, procedante de son insupportable audace, iniustice, mespris, cruauté, & auarice, mescontente ceux qui sont contraints passer soubs la puissance de son auctorité, tous ses mescontentemens seront reiettez sur le Prince, que lon estimera estre de mesme naturel que son fauory, & de là naist vne hayne publique contre le Prince & le fauory, qui faict desirer leur ruine, & en rechercher les moyens & l'occasion, où lors le Prince congnoist, mais trop tard, la faute qu'il a faicte. Quant au conseil qui est pres de luy, il est par ce moyen desvny, parce que pour acquerir la bonne grace de celuy qu'ils voyent si puissant pres du Prince, non seulement pourchassent ambicieusement son amitié, mais taschent de faire vne estroitte ligue auec luy: de sorte qu'ils perdent la liberté du serment faict au Prince, & la sincerité de leurs opinions; & demeurent tels, qu'ils meritent mieux estre appelez creatures ou partisans du fauory, que Conseillers du Prince: laquelle partialité, & desvnion sera d'autant plus dangereuse quand la puissance du mignon sera accompagnée de l'enuie & emulation des grands & de la haine des peuples, pour le voir en vn moment enrichy de ses despouilles, triompher de ses miseres, & regler toutes choses par l'auctorité de ses inconsiderées & iniustes volontez. Dauantage, la force des armes en est moindre, en ce que ce mignon, qui sert plus souuent à ses particu-

liers desseings, qu'au bien du Prince, & vtilité de l'Estat, en peut empescher les mouuemens, ou tirer en longueur l'execution, ou y faire commettre tel qui depende du tout de luy & de sa faueur, bien qu'incapable d'vn tel degré, ou par trauerser les progres, pour l'enuie qu'il portera à celuy qui commande; mesmes quand il est sur le poinct d'estre aussi grand que luy: & de plus, on ne remedie point lors aux inconueniens qui aduiennent du mauuais gouuernement: Pource que le fauory, bien qu'il le voye ne s'en soucie, pourueu que l'on sçache qu'il a puissance de changer l'Estat present, qu'il peut disposer de toutes choses de sa seule volonté, & que le Prince ne croit que ce qu'il veut, qui donne occasion aux ennemis de le corrompre, au desauantage du Prince, & de l'Estat; & achetter à deniers comptans sa fidelité. Il renuerse l'esgalité *de la iustice, pour la crainte que les magistrats ont de sa puissance, & de l'authorité qu'il vsurpe soubs le nom du Prince.* Car *combien que la loy quant à soy ait tousiours mesme face, & aspect; & qu'elle parle mesme langue, neantmoins ceux qui ont charge de l'interpreter, & la mettre en execution sont ordinairement gens de petite estoffe, & de qualité foible, & qui par faute de courage se soubmettent à la volonté de celuy qu'ils voyent parvenu à ceste si grande faueur, que tout depend de luy: tellement qu'ils font receuoir à ces loix telles formes, & parler tel langage qu'il plaist, & desire le fauory, lequel tant pour ses affaires particulieres que celles d'autruy est tousiours empesché à tenir par les cheueux toutes sortes de gens de Iustice, au detriment de l'Estat, & à l'infamie du Prince; duquel on estime pro-*

ceder toutes les iniustices & cruautez qui naissent de son fauory: & ainsi le Prince se laisse, comme nous auons dict, tirer sans s'en prendre garde dans les rets des artifices de son fauory, qui conduira ses desseings & ses actions selon l'inclination du Prince, bonne ou mauuaise. Et l'on peut dire que tels Princes sont communément remplis de legereté naturelle, & tres-facile au changement des volontez du fauory, lors mesmes qu'elles flattent l'affection à laquelle il est le plus enclin, comme l'auarice ou la paillardise, ou toutes les deux ensemble. Et faict ce fauory cinq effects d'importance par ses artifices, qui sont le fondement de sa grandeur, non sans le hazard de sa ruine. Le premier, qu'il imprime vne opinion en l'Esprit du Prince, que despouillé de tout autre dessein, tout son but & ses intentions ne tendent qu'au bien de son seruice, & la manutention de sa grãdeur. Le second, qu'il tient si bien les yeux du Prince esbloüis, qu'il ne puisse apperceuoir en luy autre inclination que celle qui luy est du tout conforme, où tellement il se trãsforme, qu'il croit qu'elle luy est propre & naturelle, & non contrainte par desseing. Le troisiesme, de repaistre le Prince de flatterie, en sorte qu'il croye les paroles du fauory, lors mesmes qu'il luy dict que toutes ses actions sont vertueuses, & que ses plus vilaines meurs sont deffectuositez fort legeres, à quoy le Prince ignorant se delecte ordinairement. Le quatriesme est le soin que le mignon a de veiller, si bien que quelque autre ne monte à tel degré de faueur, principalement s'il est homme d'honneur & de vertu. Le cinquiesme, faire naistre le temps, & les occasions d'offencer ses emulateurs, non comme de luy, mais comme procedant d'autruy, & soubs l'interest du Prince. Auec ces artifices le Prince se trouuera vaincu & enchainé, si bien qu'il pourra voir en sa Cour autant de sorte d'animaux qu'il plaira à ceste Circé magicienne d'en transformer, se remplissant à toute heure de nouueaux appetits: Il faut mesurer par l'esprit du mignon la grandeur du peril qu'il faict courir au Prince. Car encores qu'il ne soit gueres courageux, si est-ce que le courage luy va croissant comme la faueur, laquelle il ne pense luy deuoir iamais faillir, ains aller tousiours en auãt, ainsi qu'il la pourchassera; & le croit tellement, qu'assisté du temps, & secouru de l'occasion, delaissant toute feintise & dissimulation, il se peut mettre en la place de son maistre, ou s'emparer d'vne bõne partie de ſon Eſtat, par les practiques que pour cet effect il aura tramées de longue main. Mais quand autre mal ne s'enſuiuroit de ceſte trop grande faueur, octroyée à vn ſeul, ſans aucun recommandable merite & ſeruice, elle faict du moins que le Prince eſt eſtimé non ſeulement debile d'Eſprit mais encores mal aduiſé; eſlogne & remplit de deſdain & de deſpit les eſprits des autres ſubjects de merite, & d'honneur; & met en telle confuſion tout l'ordre de l'adminiſtration, qu'il faict ſembler l'eſtat eſtre nud & deſpouillé de Conſeil, & priué de iuſtice. Mais le Prince eſtãt homme, & par conſequent de nature ſociable en quel degré d'Eſtat qu'il puiſſe eſtre monté, ne peut viure ioyeuſement ſans quelque amy particulier, auquel il puiſſe auec ſeureté communiquer ſes paſsions d'Eſprit. Car ceſt amy là eſt le fauorisé du Prince, lequel sur ce poinct doibt bien aduiser de temperer si bien les affections de l'amitié, qu'il ne corrompe point les effects de la principauté.

4. *Nous auons dict cy dessus, que la iuste distribution esgale & proportionne les charges que les subjects supportent: que si elle n'est iustement balancée, le fort portant le foible, ce sera iniustice assez forte pour esmouuoir le peuple à rebellion, qui peut estre obligé seulement d'assister le Prince de tels moyens qu'ils soient suffisans pour estre maintenu en Iustice, & deffendu de toute violence estrangere & domestique. Les charges qu'on impose aux peuples sont contribution d'argent, seruices personnels, doüanes, droict de Regale, & commodité des logis: La contribution pecuniaire est de deux façons, ordinaire & extraordinaire: l'ordinaire consiste en l'an-*

cien droit de doüanes, decimes, & autres imposts: L'autre est augmentation de la taille ordinaire, & taillon mis à temps, selon que la necessité des affaires du Prince le peut requerir. Le seruice personnel sera pareillement de deux sortes, ou par l'eslection du Prince, comme est sa gendarmerie & infanterie, escrite aux ordonnances de la guerre: L'autre est obligation de fiefs, comme d'estre subject au ban & arriereban, ainsi qu'en quelques Prouinces plusieurs sont obligez à venir seruir le Prince en personne, ou auec tel nombre de cheuaux que le fief sera obligé, alors que l'Estat sera assailly des ennemis: droict, comme de tresors trouuez, des bois, des chasses, des minieres de sel, & autres choses semblables, qui touchent & appartiennent seulement au Prince. L'incommodité des logis est chose notoire. L'iniustice qui se commet au leuement des tailles, que l'on appelle ordinaires, aduient communément au temps de calamité publique, comme de peste, de guerre, ou de famine, que les subiects sont contraints d'auancer ou payer trop promptement, ne trouuant lors credit aucun, ny terme à payer leurs debtes; ou bien quand les commis à la leuée de tels deniers sont exacteurs violens & auares, exigeans auec cruauté & extorsion, font sembler iniuste ce qui est de soy bien & iustement deub. L'iniustice qui se commet en la contribution extraordinaire, sont les grands taillons, les dons immenses & superflus, l'augmentation des subsides, l'inuention des nouueaux, les emprunts violens & artificiels, & infinies autres sortes de monopoles & inuentions; l'iniustice qui se faict à ceux qui doiuent seruir en personne, quand le roolle &

la deſcription eſt plus grande que la cõdition de l'eſtat & des perſonnes ne le peut ſupporter, ou qu'ils ſont donnez en proye à des officiers auares & concuſſionaires, qui les appellent en hyuer ou en autre mauuaiſe ſaiſon; ou à des factions non neceſſaires, afin d'en tirer de l'argent pour leur licentiement; ou les faire longuement ſeruir ſans ſolde: & de ceſte iniuſtice ſe trouue chargée ceſte part de nobleſſe, qui eſt ſubiecte au ban & arriere ban, quand on la faict ſeruir plus longuement qu'elle n'eſt obligée, & qu'on la faict partir de ſa maiſon pour en faire la monſtre ſeulement, comme il aduient ſouuent en Cicile aux droicts de Regale, où ne ſe peut cognoiſtre que peu d'iniuſtice, ſinon lors qu'on y procede auec inſolence & tirannie, ainſi que communément il aduient en l'inuention nouuelle de tels droicts; comme en Dau-

phiné au Roy Henry ſecond, qui fut cauſe de l'eſleuation de toute ceſte prouince, & n'y a pas long temps au Roy d'Eſpagne, lors qu'il reduiſit en regale les ſalines de ſes Eſtats.

5. *La commodité que le Prince reçoit de ſes ſubjects pour raiſon des logis eſt incommode à toute ſorte d'eſtat generalement, mais les peuples chiches, eſtrois de païs, mal logez, & naturellement ialoux, le ſouffrent auec beaucoup plus d'impatience, principalement quand ils ſont contraints receuoir chez eux & en leurs lits vne armée ou compagnie de gẽs de guerre. La pauureté du Roy d'Eſpagne, qui premier prit le tiltre de Catholique, donna commencement en Italie à telle ſorte de logis, iniuſte, calamiteuſe, & propre à eſmouuoir ſedition, qu'on appelle loger à diſcretion, qui n'eſt autre choſe que donner en proye, à l'auarice, &*

à la luxure du soldat vn ou plusieurs peuples, selon l'occasion. Ceste foule de logis mal proportionnée aux forces & à la condition des peuples a esté tousiours assez forte pour la nouueauté & rebellion, & est comptée pour auoir esté vne des principales occasions de rẽdre odieuse au Royaume de Naples, & au Duché de Milan l'empire des François, & fut vne des plus fortes aydes pour les chasser de la possessiõ de cest Estat. L'immunité des priuileges vient aussi à estre comptée soubs la distribution de la Iustice, qui pour perpetuel tesmoignage des seruices & merites recogneus des Princes, ont esté concedez aux communautez, & à quelques particuliers, comme l'occasion & le seruice faict l'a requis; pource que si en la qualité & distribution des charges les graces des priuileges ne sont gardées, c'est chose certaine que c'est autant de tort faict à qui les a obtenus, à celuy qui les a concedez à la Religion de celuy qui les iure, & à la Iustice de qui les possede, & qui donnent au peuple les plus colorées & puissantes occasions que l'on pourroit imaginer pour les faire venir à des resolutions precipitées, mesmes aux pays où ils sont enclins, particulierement à la conseruation de leurs droicts & biens publiques. Sera donques la Iustice distributiue bien gardée, & obseruée en la proportion des charges & foules du peuple. C'est le moyen le plus iuste, & qui a le plus d'effet, dont le Prince pourroit vser pour conseruer la paix de son Estat. La Iustice correctiue est celle qui corrige & punit les erreurs & les vices que les hommes commettent les vns cõtre les autres, en trafiquant & negotiant ensemble ; lesquelles erreurs naissent la plus-part d'vn contentement *mutuel, comme en achapt & ventes, & autres choſes qui cauſent les debats & proces Ciuils. Les vices qui ſe commettent par fraude & force ouuerte, comme les meurtres & larcins; & de ceux-la naiſſent les proces criminels. Et afin qu'en l'vn & en l'autre il ſoit procedé auec Iuſtice & eſgalité, il eſt neceſſaire que quatre choſes y participent, à ſçauoir la qualité des loix, les parties du Iuge, le temperament de l'equité, & la nature du Prince: les qualitez neceſſaires aux loix ſont trois, qu'elles ſoient proportionnées à la nature des ſubjects, comme la medecine à la complexion du malade, & qu'elles ſoient conformes à la condition du temps, qu'elles apportent vne certaine proportion Arithmetique auec elles, & tiennent tant qu'il ſera poßible bride ferme à la volonté de ce-*

luy qui les execute, qui est le Iuge, qui doibt estre pourueu de ces trois parties, de bien cognoistre le vray d'auec le faux, la volonté de rendre la Iustice, & respit de la mettre en execution.

FIN.